AF349699

VOYAGE

DANS LE NORD

DE LA RUSSIE ASIATIQUE,

DANS LA MER GLACIALE,

DANS LA MER D'ANADYR, ET SUR LES CÔTES DE L'AMÉRIQUE,

FAIT PAR ORDRE DE L'IMPÉRATRICE DE RUSSIE

CATHERINE II,

DEPUIS 1785 JUSQU'EN 1794,

PAR LE COMMODORE BILLINGS;

RÉDIGÉ PAR M. SAUER, SECRÉTAIRE-INTERPRETE DE L'EXPÉDITION;

ET TRADUIT DE L'ANGLAIS AVEC DES NOTES,

PAR J. CASTÉRA.

Deux Volumes in-8°., avec une Collection de quinze Planches dessinées sur les Lieux, et gravées en taille-douce, par ADAM.

COLLECTION DE PLANCHES.

A PARIS,

Chez F. BUISSON, Imprimeur - Libraire, rue Hautefeuille, n°. 20.

AN X (1802)

LISTE DES PLANCHES

DONT CETTE COLLECTION EST COMPOSÉE.

PLANCHE   Ire. Vue du Port d'Okhotsk.

——————   II. Vue de la Montagne de Schilkap et des Tentes des Tongouths.

——————   III. Vue de la Ville de Zaschiversk.

——————   IV. Vue du Tombeau du Capitaine Clerke au Kamtchatka.

——————   V. Un Homme et une Femme d'Ounalaschka.

——————   VI. Insulaire de Kadiak.

——————   VII. 1°. Vue des Établissemens de Schelikoff dans l'Ile de Kadiak.

2°. Extrémité Septentrionale de l'Ile d'Yanaga.

3°. Ile d'Atcha.

VIII. 1°. Ile d'Attou.

2°. Ile d'Aguttou.

3°. Ile de Boudyr.

4°. Ile de Kyska.

IX. 1°. Ile de Gore.

2°. La même Ile, vue du Canal.

3°. La même Ile, vue à quatre milles à l'Ouest un quart Nord.

4°. Ile de Semiposchnoï.

X. Armes, Vêtemens, Tombeau et Canot.

XI. Masques et Armes des Ounalaschkans.

XII. Vue des Sources chaudes d'Ozornoï au Kamtchatka.

———— XIII. Femme Tchoutski.

———— XIV. Un Tchoutski armé, avec sa Femme et son Enfant.

———— XV. Carte du Détroit qui sépare L'Asie de l'Amérique, avec la Côte des Tchoutskis, tracée d'après les Observations faites dans la Mer Glaciale, depuis 1786 jusqu'en 1794.

Vue du Port d'Okhotsk.

Vue de la Montagne de Schilkäp, et des Tentes des Tongouth. &c.

Vue de la Ville de Zaschiversk.

Vue du Tombeau du Capitaine Clerke au Kamtchatka.

Un Homme et une Femme d'Ounalaschka

Insulaire de Kadiak.

Vue des Établissements de Schelikoff dans l'Île de Kadiak.

Pl. VII.

1 Église portative
2 Tente servant d'Observatoire
3 Galiotes

Extrémité Septentrionale de l'Île d'Yanaga.

Île d'Atcha.

Ile d'Attou.

Ile d'Agattou.

Ile de Bouldyr.

Ile de Kyska.

Gravé par Adam Rue du Four N. 45.

Ile de Goré.

La même Ile, vue du Canal.

La même Ile, vue à 4 milles à l'O. ¼ . S.

Ile de Semiposchnoï.

Armes, Vêtemens, Tombeau et Canot.

1 Hache des Tchouktchis faite
  de dents de vache marine.
2 Hache de pierre des sauvages d'Amérique.
3 Instrument des Tchouktchis.
4 Tombeau.
5 Canot.
6 Habillement.
7 id.
} des Onalaschkans

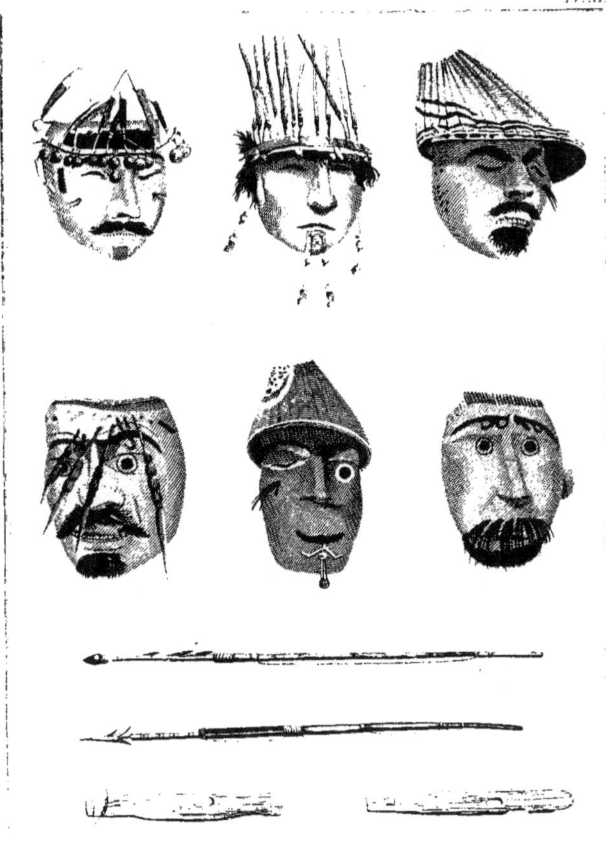

Masques et Armes des Oumalaschkas.

Vue des sources chaudes d'Ozernoï au Kamtchatka.

Femme Tchoutski.

Un Tchoutski armé avec sa Femme et son Enfant.